Le Scalping est Amusant !

Partie 4 : Trader en état de flow

Heikin Ashi Trader

Sommaire

1. Ne tradez que lorsque c'est amusant ! 3
2. Quand ne pas trader ? 7
3. Les meilleurs horaires de trading pour les indices, les devises et le pétrole 15
   A. Pour les traders sur le FOREX 15
   B. Pour les traders sur les indices.................. 19
   C. Pour les traders sur le pétrole 21
4. Pourquoi le scalping rapide est mieux que quelques trades bien pensés 22
5. La discipline est plus simple en état de flux 29
6. Avertissements et instruments de contrôle 33
7. Soyez agressif quand vous gagnez et défensif quand vous perdez 38

Autres livres de Heikin Ashi Trader 43

À propos de l'auteur 45

Impression 46

1. Ne tradez que lorsque c'est amusant !

Un trader qui a réussi n'entre pas dans un casino : il est le casino. Je veux dire par là qu'un trader qui a réussi joue avec ses propres termes. Il décide comment et quand il trade et aussi quand il ne devrait pas trader. Savoir quand rester à l'écart des marchés est un avantage crucial qu'un trader peut avoir par rapport au « marché ». C'est tout naturel pour un trader débutant de passer beaucoup de temps à trouver une stratégie de trading pertinente au début. Économisez votre temps : sachez dès le départ quand cette nouvelle stratégie fonctionne le mieux.

Je vais détailler les meilleurs moments pour faire du trading dans cette 4e partie de la série « Le Scalping Est Amusant ! ». Notre temps est précieux et en tant que traders, nous devrions mettre tous nos efforts pour trader sur les marchés boursiers lorsque les conditions sont optimales.

Pendant les heures où ce n'est pas le cas, nous devrions consacrer notre temps à d'autres choses. Nous devrions surtout essayer d'empêcher ce que l'on appelle le « trading d'ennui ». Il s'agit d'une situation où le trader estime que rien ne va se passer sur les marchés. Pourtant, il se trouve devant son écran et observe le marché d'un œil endormi. Pire encore : il va ouvrir une position de temps en temps simplement parce qu'il s'ennuie, en sachant à l'avance qu'il ne tirera rien de ce trade. C'est ce qui se passe avant la dépendance au trading. Tout comme n'importe quelle activité peut devenir une dépendance pour celui qui la pratique, le trading peut aussi en devenir une.

J'ai aussi connu cela lorsque j'ai commencé à trader. Ma fascination pour les marchés, et l'occasion de gagner de l'argent à partir de rien pour ainsi dire, grandissaient de jours en jours. J'ai passé mes nuits à trader sur les marchés asiatiques, même si je venais de passer une journée de 16 heures sur les marchés européens et américains. Je pense qu'il est clair maintenant que rien de bon ne puisse sortir de cela. Ce livre n'a pas été écrit pour les traders à risque. Il s'agit de montrer à un scalpeur quand « l'action » se déroule sur les marchés. Ca devrait également être un encouragement afin que vous puissiez tirer le meilleur des marchés lors de ces moments.

Il est important que vous preniez plaisir à trader quand c'est possible. Le risque de dépendance est toujours là mais il est grandement réduit. Peut-être est-ce plus facile pour vous de déconnecter l'ordinateur et de faire autres choses.

Amusant au bon moment est selon moi un moyen efficace de lutter contre le risque de trading et de sur-trading à cause de l'ennui. Vous aurez alors plus de succès si votre stratégie se marie bien avec les conditions du marché et vous aurez également les probabilités à votre avantage. C'est par exemple la raison pour laquelle un trader de tendance est différent d'un scalpeur. Cette connaissance a à voir avec « l'expérience », mais heureusement la courbe d'apprentissage d'un scalpeur est plus rapide qu'avec d'autres stratégies de trading car ce type de trading permet de faire de nombreux trades. Vous n'avez pas le temps et vous devez faire votre expérience d'apprentissage sérieusement de sorte à dépasser votre seuil de rentabilité.

Les traders expérimentés savent « quand s'asseoir sur leurs mains » comme disent les américains. Ca veut dire qu'il faut d'abord savoir être un bon observateur des marchés boursiers. Sur la base de plusieurs heures de « lecture graphique », vous devriez savoir : quand entrer en position et quand vous retirez du marché. Maîtrisez cette capacité et vous allez arriver au *Master Game*. Je conseille vivement dans le trading d'être efficace et intelligent dans l'utilisation de votre temps. Les pauses entre les séances de trading individuelles sont d'une grande importance. Cela s'applique tant au déjeuner lors de vos journées de trading qu'aux pauses occasionnelles pendant l'année. Dans le prochain chapitre, je vais énumérer toute une série d'événements que vous devriez éviter lorsque vous tradez. Ce n'est pas la peine de faire du trading lors de ces moments dans la plupart des cas.

Je planifie aussi mes vacances en conséquence. Un collègue trader m'a dit qu'il ne faisait aucun profit au mois d'août. Pire, il lui arrivait même de faire des pertes. Il voulait faire du trading même s'il savait que de nombreux banquiers, impliqués dans le trading des devises étaient en vacances en août. Bien sûr, le trading des devises a également eu lieu à cette époque mais cela n'a rien donné. « Ca aurait été mieux si pendant ces quatre semaines, j'étais allé en vacances » m'a-t-il dit : ça aurait été beaucoup moins coûteux.

2. Quand ne pas trader ?

Savoir à l'avance quand vous ne devriez pas trader vous fera économiser beaucoup d'heures inutiles, et souvent improductives, devant votre ordinateur. Voici les moments les plus importants où il serait mieux d'éviter de trader.

Jours fériés

C'est particulièrement important pour les traders sur le marché du FOREX. Les banques sont les plus grands participants sur le marché des changes. Alors si les banquiers ont un jour férié, le volume des transactions sera considérablement réduit. Pendant ces journées, vous aurez souvent des marchés léthargiques ou des marchés avec des mouvements soudains très irréguliers. Les figures chartistes familières sont à ces moments-là inexistantes et vous cherchez en vain. C'est particulièrement vrai lors des jours fériés au Royaume-Uni et aux Etats-Unis – qui sont les principaux acteurs sur le FOREX. Cette règle s'applique également aux jours fériés dans d'autres zones monétaires importantes. Si le jour férié est en Australie, alors il vaut mieux éviter de trader le dollar australien. Au Japon, ne pas trader le YEN etc.

Les vendredis après-midis

Beaucoup de banquiers et de traders dans des fonds d'investissement cessent de trader le vendredi après-midi pour le week-end. Dans la plupart des cas, ils ferment leurs positions avant le week-end, attitude que la plupart des traders privés ont maintenant adoptée. La raison est le soi-disant « gap du week-end ». Cet écart de prix (gap) se produit entre le cours de clôture de vendredi soir et le cours d'ouverture du dimanche soir sur le marché du FOREX. Sur les marchés à terme (*futures*), c'est souvent 8h00 EST ou GMT.

Note : je vais utiliser **EST** (*Eastern Standard Time* ou HNE, Heure Normale de l'Est – New York) pour les traders américains et **GMT** (*Greenwich Mean Time*) pour les traders du Royaume-Uni.

Ce gap est souvent insignifiant mais il peut parfois être énorme – surtout s'il y a un événement important ou une importante nouvelle qui a été publiée au cours du week-end. Peut-être des élections qui ont eu lieu ou d'autres décisions politiques qui ont été prises (pensez à la crise grecque). Cependant, il peut également s'agir d'événements imprévus tels que des tremblements de terre (comme au Japon) ou des attaques terroristes. L'activité de trading le vendredi après-midi ralentit souvent et les marchés sont plus difficiles à trader. Il est rare que je négocie le vendredi après-midi.

Ouverture et fermeture des marchés

Les dernières minutes de chaque journée de trading sont à éviter tout comme les minutes d'ouverture. C'est tout à fait vrai avec les marchés réglementés tels que les indices boursiers et les marchés à terme. Gardez à l'esprit qu'à la fin de chaque jour, de nombreux day traders ont fermé leurs positions. À la fin d'une journée de trading, la liquidité peut souvent être assez mauvaise. Le carnet d'ordres est mince et provoque des *spreads* plus importants, un *slippage* et parfois des mouvements inattendus.

De plus, les premières minutes du **lundi matin** ne devraient pas non plus être utilisées pour trader. Les traders qui ont fermé leurs positions vendredi, les ré-ouvrent à nouveau le lundi matin. Cela peut aussi parfois provoquer des mouvements inattendus.

Les vacances d'hiver et les vacances d'été

Comme nous l'avons déjà dit : si les banquiers sont en vacances, vous devriez faire la même chose. Le volume des transactions des grandes institutions de trading baisse lors de ces périodes.

Les marchés asiatiques

Même si j'ai tradé les marchés asiatiques dans le passé, je ne le recommande pas. Si vous n'êtes pas vraiment spécialisé dans les actions japonaises, vous feriez mieux de profiter de votre nuit de sommeil. Il y a toujours des passionnés qui veulent échanger le *futures* Hang Seng. Mais les marchés européens et américains offrent déjà suffisamment d'opportunités. La liquidité du trading des devises asiatiques n'est pas comparable à la session de trading européenne et américaine.

Enfin, les **heures de trading avant la publication de statistiques économiques importantes**

Le calendrier économique vous indique quand des données économiques doivent importantes être publiées. Les participants du marché du FOREX attendent ces données avec impatience. Je vous conseille de visiter le site suivant : www.forexfactory.com, c'est le calendrier économique que j'utilise.

Figure 1 : Calendrier du mercredi 14 October 2015

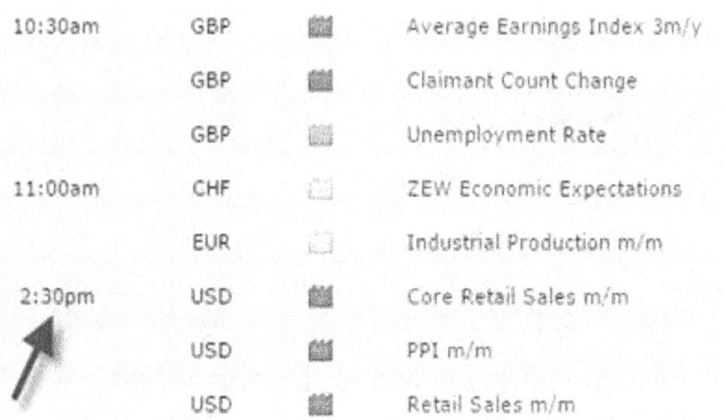

10:30am	GBP	🏭	Average Earnings Index 3m/y
	GBP	🏭	Claimant Count Change
	GBP	🏭	Unemployment Rate
11:00am	CHF	🏭	ZEW Economic Expectations
	EUR	🏭	Industrial Production m/m
2:30pm	USD	🏭	Core Retail Sales m/m
	USD	🏭	PPI m/m
	USD	🏭	Retail Sales m/m

L'exemple ci-dessus est le calendrier du mercredi 14 octobre 2015 du site Forex Factory. Prêtez attention à la couleur des petits symboles représentant une usine à côté de la description de la statistique ou de l'évènement. Lorsqu'il est jaune ou orange, la plupart du temps cela signifie que les nouvelles ont un plus faible impact sur les marchés, mais si le symbole de l'usine est de couleur rouge alors la nouvelle est importante et peut fortement influencer les marchés !

À cette date, deux événements importants ont eu lieu. À 9h30 GMT, il y avait l'indice des gains moyens au Royaume-Uni – cette statistique est notamment importante pour les traders de la livre sterling. À 8h30 EST (ou 13h30 GMT), les attentes impatientes concernant la publication du chiffre des ventes au détail aux États-Unis ne pouvait être maîtrisées. Il s'agit d'une donnée économique d'une extrême importance. Notez l'état de l'EUR/USD avant et après le communiqué sur le graphique suivant.

Figure 2 : EUR/USD le mercredi 14 octobre 2015, graphique Heikin Ashi – 2 minutes

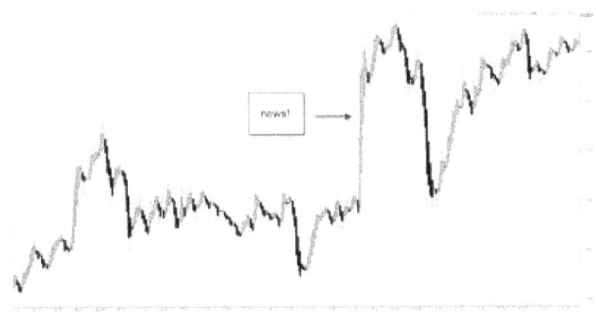

Pour l'EUR/USD, il n'y a eu qu'un événement important : il s'agit de la publication des ventes au détail à 8h30 EST (ou 13h30 GMT). Avant cela, il n'y a eu un petit saut sur l'euro à 9h00 GMT – lorsque la session de trading de Londres a ouvert. Mais à partir de 10h00 GMT jusqu'à 13h30

GMT, la paire évolue de façon latérale dans un *range* de moins de 10 pips. Il est évident que les acteurs du marché ont attendu avec impatience les données à partir de 8h30 EST (13h30 GMT). Un tel *range* est difficile à scalper à moins que vous soyez un spécialiste de ce genre de marchés. On pourrait essentiellement ne pas trader en toute confiance jusqu'à 8h30 EST (13h30 GMT). C'était juste après que le chiffre des ventes au détail ait été publié que l'action est arrivée sur le marché.

Figure 3 : l'EUR/USD du 22 octobre 2015 – graphique 2 minutes

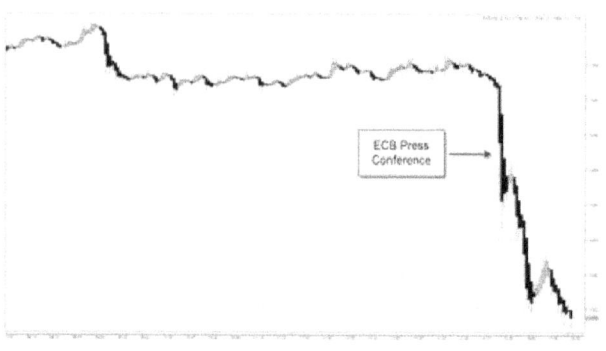

La figure 3 est claire et se passe d'explication. Le 22 octobre, les traders ont attendu la décision sur les taux d'intérêt de la Banque Centrale Européenne (BCE) à 7h45 EST (12h45 GMT). Il y a eu peu de mouvement sur l'EUR/USD dans les heures avant cette décision. Il est également intéressant que le marché ait à peine bougé lors de l'annonce du taux d'intérêt à 7h45 EST. Le président de la BCE, Mario Draghi, a tenu une conférence de presse à 8h30 EST (13h30 GMT). L'action a donc commencé à 8h29 EST (13h29 GMT) car les acteurs du marché pouvaient difficilement attendre.

Quels sont les chiffres clés ?

- les statistiques des Etats-Unis
- ensuite, les statistiques de l'Union Européenne, de l'Allemagne et du Royaume-Uni
- les statistiques du Canada, de l'Australie, du Japon, de la Nouvelle-Zélande et de la Suisse pour leurs devises respectives

Quelles statistiques ont le plus grand impact ?

- **les politiques monétaires :** toutes communications ou publications, ainsi que les déclarations lors des conférences de presse des Banques Centrales
- **les données du marché du travail :** le taux de chômage en Allemagne et les NFP (*Non Farm Payrolls* à 8h30 EST (13h30 GMT)), le 1e vendredi de chaque mois aux Etats-Unis
- les **principaux indicateurs** en Allemagne : le climat des affaires IFO ou aux Etats-Unis : l'indice des directeurs d'achat ISM
- **Confiance des consommateurs**

- **PIB ou Produit Intérieur Brut** : important dans n'importe quelle zone monétaire
- **Indice des prix à la consommation ou IPC :** il s'agit de l'inflation
- **Indice des prix producteur (PPI) :** il s'agit d'une autre statistique sur l'inflation

Vous aurez besoin d'étudier un peu le calendrier économique si vous voulez faire du trading. Il est crucial que vous compreniez l'importance des différents participants sur le marché du FOREX. Il y a de grandes anticipations pendant les jours précédents la publication d'une importante statistique. La plupart du temps, le marché est calme avant la publication. Lorsque les chiffres sont publiés, les prévisions sont soit confirmées, soit il y un décalage entre ce qui a été publié et les prévisions : la réaction du marché s'en suit et peut être violente. Il est toutefois difficile de prévoir comment les acteurs du marché répondront à un chiffre plus faible que prévu. En tant que scalpeur, soyez flexible dans votre réaction sans idée préconçue sur les vagues d'achat ou de vente du marché. Tradez ce que vous voyez ! Il est intéressant d'étudier le comportement des participants du marché avant et après la publication des statistiques. Plusieurs fois, on constate que la volatilité diminue fortement avant la publication alors qu'elle devient « sauvage » après la publication.

3. Les meilleurs horaires de trading pour les indices, les devises et le pétrole

A. Pour les traders sur le FOREX

Contrairement à d'autres marchés, le trading des devises se fait 24h/24. Ainsi, vous pouvez faire du trading 24h/24 toute la semaine du dimanche soir à 17h00 EST (22h00 GMT) au vendredi soir 17h00 EST (22h00 GMT). Le marché des changes n'ai pas un marché réglementé comme le marché des actions, mais un marché décentralisé avec quelques centres de trading particuliers. Les principaux sont à Londres, New York, Tokyo et Sydney. Un « jour de bourse » sur le marché des devises se compose de ces différentes sessions : la session européenne, la session américaine et la session asiatique.

Figure 4 : Les sessions de trading sur le FOREX

Forex Market Center	Time Zone	Opens Europe/Berlin	Closes Europe/Berlin	Status
Frankfurt Germany	Europe/Berlin	08:00 AM 06-October-2015	04:00 PM 06-October-2015	Open
London Great Britain	Europe/London	09:00 AM 06-October-2015	05:00 PM 06-October-2015	Open
New York United States	America/New_York	02:00 PM 06-October-2015	10:00 PM 06-October-2015	Closed
Sydney Australia	Australia/Sydney	11:00 PM 06-October-2015	07:00 AM 07-October-2015	Closed
Tokyo Japan	Asia/Tokyo	01:00 AM 07-October-2015	09:00 AM 07-October-2015	Closed

C'est fascinant de savoir que sur le FOREX, le trading peut se faire 24h/24 dans le monde entier. Quand les traders à Tokyo ont fini avec leur session de trading, les traders de Londres reprennent le trading en commençant leurs journées. Les traders américains entrent sur le marché à 8h00 EST (13h00 GMT) jusqu'à 11h00 EST (16h00 GMT). Il n'est pas rare de voir que plusieurs sessions de trading se chevauchent. C'est d'ailleurs à ces moments là qu'il y a la plus grande volatilité qui est enregistrée (voir figure 4). Après 11h00 EST (16h00 GMT), il y a une baisse notable de la volatilité. De la même façon, lorsque les traders de New York ont fini leur journée de travail, la session de trading à Sydney commence.

Figure 5 : Volatilité moyenne de l'EUR/USD heure par heure (heure du Royaume-Uni)

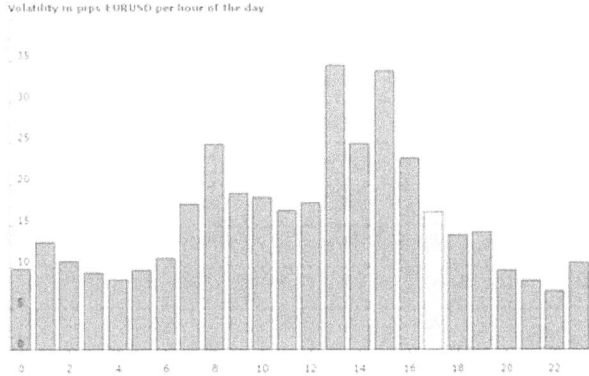

Source : www.mataf.net

La figure 5 illustre l'importance des sessions de trading. La faible volatilité pendant le trading asiatique (extrême gauche et droite du graphique) est visible. Sur le site internet mataf, vous pouvez également voir que le dollar australien, le dollar néo-zélandais et le yen japonais ont été les plus échangés, je maintiens qu'il est souvent préférable de les échanger lors des sessions européennes et américaines. La raison est simple : selon les dernières statistiques de la Banque des Règlements Internationaux (BIS), les deux plus grands centres de trading de devises au monde sont Londres et New York et représentent près de 60% du trading. Alors que la part de New York en 2013 (18,9%) est restée quasiment stable au cours des 10 dernières années, celle de Londres a significativement augmenté.

Lors des séances de Londres, 40,9% des transactions mondiales sont effectuées sur le trading de devises. Pour comparaison : en 2013, Singapour regroupait 5,7%, Tokyo

5,6% et Hong Kong 4,1%. Cela a des conséquences importantes pour les scalpeurs sur le FOREX. Il est incontestable que la session de Londres regroupe les heures les plus importantes du trading des devises au sein du trading international des devises. En tant que traders, vous y trouverez la meilleure liquidité sur toutes les paires de devises échangées. Vous trouverez que c'est d'une importance primordiale d'avoir les meilleures exécutions et les *spreads* les plus faibles. Le *slippage* est limité, ce qui n'est pas toujours le cas lors des sessions asiatiques.

L'expérience montre que la volatilité augmente une heure avant l'ouverture de Londres. Cela signifie que les stratégies de *break-out* par exemple, réussissent mieux à ce moment là. En raison de l'augmentation de la volatilité au début de la session américaine, les stratégies *break-out* pourraient aussi être couronnées de succès. Attention ici ! Les tendances de la séance de trading européenne peuvent être confirmées (suivi de tendance) ou faire l'expérience de virages brusques (retournements). Ceci est le résultat des données économiques attendues des États-Unis (souvent 08h30 EST, ou 13h30 GMT). La figure 5 montre que la volatilité vers la fin de la session de Londres (11h00 EST, 16h00 GMT) diminue, puis reste à un niveau bas pendant le reste de la session de New York et de la session asiatique. Mais cela a également ses avantages pour les traders dont les stratégies sont basées sur des marchés en *range* puisqu'ils préfèrent ce genre de périodes plus calmes. La probabilité que les résistances et les supports tiennent est significativement plus élevée ici.

B. Pour les traders sur les indices

Pendant la période de pré-market (8h00 à 9h00 EST et GMT), toutes les nouvelles ou informations importantes de la veille sont assimilées sur le *futures* des indices boursiers ce qui peut conduire à une volatilité élevée. Ce sont pour les traders en Europe souvent les « pré-réglages » de Tokyo ou de la Chine et ceux du marché américain à venir. Pour les traders américains, le sentiment des marchés européennes est important. Si le sentiment est « bon », alors les indices commenceront en territoire positif. Si le sentiment est « mauvais », alors la séance pourrait plutôt commencer en territoire négatif. Cela s'applique en principe à tous les marchés boursiers, à leurs indices et à leurs *futures*. Le marché pré-market est recommandé seulement pour les traders expérimentés. Pendant le processus d'assimilation des nouvelles informations, la direction d'une tendance se dessine et est souvent conservée pour le reste de la journée. Par conséquent, il est intéressant de trader la tendance en suivant les figures apparaissant sur la courbe des prix.

Souvent, le point haut ou le point bas de la journée se produit dans la première heure de trading sur les marchés boursiers (9h00 à 10h00), mais ce n'est pas toujours le cas. Sur les jours de tendance typiques, de nouveaux plus hauts ou plus bas se produiront après la première heure de trading. Le meilleur moment pour trader les indices européens tels que le FTSE 100, le DAX, le CAC40 et l'Eurostoxx50 est lors la session du matin. À partir de 13h00 (GMT), les traders américains arrivent sur le marché en apportant leurs propres idées, ce qui peut inverser les tendances apparues lors de la session de trading européenne du matin. En tant que trader basé en Europe, je préfère trader les indices européens le matin et les indices américains dans l'après-midi.

Selon mon expérience, les traders américains sont indépendants des sessions européennes, bien que beaucoup d'entre eux aiment trader le DAX ou d'autres indices européens. Les marchés américains sont les plus indépendants de tous, car les marchés européens suivent les marchés américains dans l'après-midi (heure de la session de Londres), et les marchés asiatiques suivent souvent le tendance de la séance américaine. Si les indices européens sont dans le rouge, le pré-market des marchés américains suivra d'abord cette direction. Mais au moment où New York ouvre : tout change.

C. Pour les traders sur le pétrole

Les contrats à terme sur le pétrole sont négociés presque 24h/24 mais le moyen le plus efficace de trader le *brut* est de se concentrer sur le « *Prime Time* » - c'est-à-dire le temps où il y a le plus d'activité, généralement entre 8h50 et 10h30 EST (13h50 et 15h30 GMT). Pendant cette heure et demie, les meilleurs résultats de trading sont obtenus et c'est prouvé par des évaluations statistiques de résultats de trading.

Il est crucial que le trader évite la première minute de l'ouverture de New-York. C'est le moment où la « fosse » s'ouvre. Vous pouvez souvent vous attendre à des mouvements erratiques car les informations du pré-market et les nouveaux ordres doivent être traités. Exception faite du mercredi lorsque les inventaires de pétrole (Oil Market Report) sont publiés à 10h30 EST (15h30 GMT). Il est préférable pour les traders d'attendre les résultats de cette publication.

4. Pourquoi le scalping rapide est mieux que quelques trades bien pensés

Nous arrivons maintenant à l'essentiel de cette 4e partie de « Le Scalping Est Amusant ! ». Je veux discuter ici des raisons principales pour lesquelles les traders qui « font tout correctement » échouent. Planifiez votre trading et tradez votre plan. Cela semble cliché et pourtant un trader devrait préparer avec attention ses transactions de trading après une analyse approfondie des graphiques. C'est comme donner à une équipe de football le conseil suivant : « Pendant les 90 premières minutes du match, vous devriez étudier le comportement de l'autre équipe, avant de mettre un but ». Ca semble convaincant. Ce processus dans de nombreuses professions est souvent le meilleur moyen de parvenir à de bons résultats, cette maxime peut être appliquée tant au trading qu'à la construction d'une maison ou d'une nouvelle voiture, car toutes ces activités doivent être effectuées selon des critères rationnels et selon un plan soigneusement préparé.

La conclusion erronée sur le trading vient du fait de l'opinion générale selon laquelle une stratégie de trading doit être conçue comme la construction d'une machine. Le seul problème c'est que le cours des actions ne se comporte pas comme les parties individuelles d'une machine. Dans les lois de la mécanique, vous pliez ou sciez des pièces métalliques de la façon dont vous en avez besoin pour votre pièce. Une fois que nous entrons dans le domaine du trading, il n'est pas rare que nous nous trouvions dans un monde qui n'est plus gérable ou contrôlable. Imaginez que vous vivez dans une ville où les rues, les places, les maisons et les arbres ne sont pas dans la même position que la veille. Vous vous levez tous les matins et la rue où vous habitez a changé du jour au lendemain, le passage piéton ne permet plus de traverser la rue à chaque fois que vous tourniez à droite. Toutes les autres routes, bâtiments, stations d'essence, centres commerciaux sont situés chaque matin à différents endroits. Imaginer cela parait surréaliste, n'est-ce pas ? Mais cela arrive quand vous entrez dans le monde du trading. C'est un monde fou qui existe sans règles ni lois rationnelles. Votre expérience et vos connaissances de la veille pourraient ne pas vous aider aujourd'hui, une chose comme l'analyse technique ne s'utilise que de façon limitée.

Les adeptes de l'analyse technique déclarent également que les figures connues, comme des figures de continuation ou de retournement, ne fonctionnent pas la plupart du temps de nos jours. Pourquoi ? Car ces figures sont devenues des informations publiques aujourd'hui, et vous n'avez pas d'avantage compétitif si vous pensez que vous reconnaissez une certaine figure sur un graphique. Souvent, il se produit exactement le contraire de ce que vous attendez. Il en va de même pour les autres instruments d'analyse technique tels que les indicateurs ou les oscillateurs ou tout autre chose inventée par des ingénieurs. L'apparence et l'aspect de ces instruments reposent, sans exception, sur les données du passé. Ils ne disent rien des événements actuels sur le marché, ou sur le futur.

Toutes les analyses et les « confirmations » par les indicateurs ne sont là que pour la sécurité et le réconfort de la psyché humaine. C'est malheureux qu'ils n'aident pas. L'incertitude demeure parce que l'insécurité est l'essence même des marchés boursiers. Tout cet « équipement » est juste là pour déterminer les entrées. C'est toujours à propos ça : les points d'entrée. C'est aussi la question la plus fréquente qu'on me pose : « Cher trader Heiken Ashi, dites-moi où est-ce que je peux entrer sur le marché ». La vérité c'est que je ne sais pas. Je ne peux pas prédire l'avenir, c'est souvent la vraie question qui est posée. Toute l'industrie du trading a essayé de répondre à cette question. C'est fait d'une manière presque ingénieuse et cela fait beaucoup argent.

Sachant que personne et aucun système ou analyse ne serait utile pour décider d'acheter ou de vendre un actif financier, quel critère devrait donc être utilisé ? Ma réponse est d'essayer de développer une relation expérimentale avec les marchés financiers. Ainsi que d'être prêt à changer votre décision à tout moment (pour fermer la position ou même pour faire le contraire de ce que vous venez de penser (position inversée)).

Pour beaucoup de gens, cette « flexibilité » provoque de l'anxiété et de façon extrême, c'est ce qui les empêche de trader la bourse. Essayez de faire votre trading comme si vous veniez de descendre d'un avion pour visiter une ville à l'étranger. Un touriste est souvent curieux et veut connaître la beauté et les surprises que la ville a à lui offrir. Je ne sais pas si le prochain trade apportera un profit ou une perte. Je peux seulement essayer. C'est la différence entre l'art de l'ingénierie et le trading. Quand vous tradez, vous restez toujours un amateur, peu importe combien de « décennies d'expérience » vous avez, désolé.

L'expérience du trading se réfère plutôt davantage à la gestion du risque avec les stop-loss. Un bon trader a développé un mécanisme de protection lui permettant de se défendre contre des pertes excessives. A travers la répétition constante et la gestion du stop-loss, des figures complexes sont gravées dans sa mémoire. Dedans, il y a une série de neurones entrelacés qui permettent une certaine forme d'habitude. Ces habitudes font la différence entre un trader expérimenté et inexpérimenté. Il ne s'agit pas de connaître les points d'entrée ou des connaissances secrètes qui pourraient prédire les cours.

Ces nouvelles habitudes doivent être pratiquées. L'expérience montre qu'il faut du temps et beaucoup de répétitions pour que ces figures se forment. Il est bien connu que la navette spatiale de la NASA consomme plus de carburant lors des premières minutes, lors de son décollage, que pendant le reste du vol. Pourquoi est-ce ainsi ? Au début, la navette spatiale a besoin de la majeure partie de son énergie pour se détacher des forces de la gravité. Une fois dans l'espace, et libre de la force gravitationnelle de la terre, la navette peut maintenir son élan et voler comme si il n'y avait aucune résistance.

C'est la difficulté d'un débutant sur les marchés. Tout d'abord, il a besoin d'une quantité énorme d'énergie pour former de bonnes habitudes. Il a besoin d'investir beaucoup de temps et d'énergie pour s'éloigner de la cupidité de la nature humaine, afin qu'il puisse être libre et confiant sur les marchés boursiers. C'est la raison pour laquelle je trouve la vitesse plus importante que la perfection. Ainsi, les débutants devraient commencer sans hésitation et exécuter des trades régulièrement. Ainsi, ils apprennent à penser vite et à réagir à la bourse. Une fois que vous obtenez de le vitesse en tant que scalpeur, rien ne vous arrête.

C'est pourquoi les scalpeurs devraient aussi se concentrer sur les périodes où la volatilité est élevée : après la publication d'une importante nouvelle économique et pendant les heures de pointe sur les marchés. La probabilité qu'un « scalpeur » soit dans un état de « flux » lors de ces moments est beaucoup plus élevée que pendant les heures sans activité. Le « flow » est une séquence d'actions que vous faites avec discipline et joie. Le succès du trading succède à la facilité d'action. C'est pourquoi il est important que les scalpeurs agissent seulement à des moments où les mouvements sont clairs et sans ambiguïté. L'amusement arrive de lui-même et le succès l'accompagne.

Ma formule pour le succès : Flow – Fun – Succès !

L'inventeur du terme « flux » ou « flow » est le psychologue américain Mihaly Csikszentmihalyi qui le définit comme l'apparition de sentiments de « flow » qui entraîne des objectifs clairs, une concentration complète sur l'action, le sens du contrôle de l'activité, la conformité du besoin et la capacité au-delà de la peur ou de l'ennui devant une facilité apparente. Il souligne qu'il est important que le travail soit fait de manière enjouée. L'homme dans un état de flux rend son travail créatif et artistique. Il est également crucial qu'il laisse aller son attente envers le succès. Il devrait être libre de peur et d'inquiétude. C'est ce qui arrive quand un scalpeur scalpe son marché d'une manière ciblée. Il n'attend rien, il est libre de la peur et agit indépendamment du profit et de la perte. Il est rapide, concentré et sans idées préconçues concernant la direction que le marché prendra dans les prochaines secondes ou minutes.

Le flux est donc plus un état qu'une technique. Pour être dans un état de flux, toutes les distractions doivent être éliminées. Ces distractions comprennent l'analyse et réflexion approfondie des marchés. Un trader en état de flux voit donc son trade comme la seule chose qui existe. Un trader en état de flux oublie tout autour de lui et tout « disparaît » autour de lui. Dans ces moments de flux, il disparaît ou se laisse emporter. Le flux n'est pas limité au trading. Il se produit généralement dans d'autres activités. Beaucoup de sportifs le savent bien : les skieurs, les marins, le football et les joueurs de tennis en ont fait l'expérience.

Plus près du trading, ce sont les joueurs professionnels de jeux informatiques. Ces personnes rapportent des expériences de flux lorsqu'elles ont des tâches rapides et consécutives qui peuvent les mettre au défi et voir la probabilité d'une résolution réussie plus élevée. Toutes les activités artistiques ne peuvent être conçues sans flux : les musiciens, les peintres et les sculpteurs. La démonstration la plus visible du flux peut être observée dans un couple de danse qui flotte au son de la musique sur le parquet sans effort. Pour le scalpeur, cela ne signifie pas qu'il doit perdre le respect pour les marchés. Les scalpeurs appartiennent à la catégorie des traders qui ont le plus grand respect pour le marché parce qu'ils savent que tout peut arriver sur le marché. Pour être en état de flux, cela signifie que les scalpeurs sont adaptés pour réagir.

5. La discipline est plus simple en état de flux

Le trading contredit notre nature humaine de base. Ca commence par « je veux être et je veux tout faire bien » jusqu'au « mode espoir » et à « ma position est allée dans le rouge, le marché pourrait éventuellement se retourner... ». Plus un trader déprime à propos d'une position perdante, et plus ses pensées négatives et sombres prennent le dessus. Les conséquences sont alors désastreuses pour le compte. Dès que votre « tête » prend le dessus en trading, des pensées rebelles arrivent – en aucun cas vous ne fermerez vos positions perdantes. On peut toujours trouver des arguments pour. Voici des exemples classiques :

« Le marché pourrait revenir en arrière »

« Il faut que je poursuive jusqu'au support numéro 2 et que ça se relève »

« Il est impossible que le marché puisse monter aussi loin, il est déjà sur-acheté deux fois sur l'ATR »

« Ce genre de prix exagérés sont toujours corrigés »

« Le marché a juste réagi de façon excessive. C'est seulement une question de temps jusqu'à ce qu'il revienne »

« Le marché revient toujours et se retourne sur ce niveau. Ca ne peut pas durer beaucoup plus longtemps car le RSI est en zone de surachat »

« Selon mes calculs, le marché a épuisé l'extension de Fibonacci »

Les arguments du traders n'excluent pas pourquoi quelque chose doit être différent de ce qu'il est. Cet état de déni est typique des traders qui « n'exécutent que des transactions bien réfléchies » ou « ne tradent que sur la base de configurations claires et précises ». Cela n'existe pas, ils sont tirés de **l'imagination hyperactive** et ces traders n'admettraient pas cela. Il est souvent oublié que « le marché » est une entité chaotique et imprévisible qui peut faire un tour à 180° à tout moment. Ce trader essaie de contrôler ce monstre et de lui arracher ses secrets.

Ce trader oublie un fait : il ne peut saisir cela avec l'instrument inadéquat qu'est la pensée rationnelle – développée à partir de la partie logique et argumentative de notre cerveau. Pour un trade avec une telle structure chaotique que le marché du FOREX ou un indice boursier, cette partie logique de l'esprit humain devrait être arrêtée. L'esprit rationnel est toujours à la recherche de « principes », de « figures récurrentes » qui sont « tradables » et qui «

ont une probabilité statistique de succès élevée ». Cette analyse technique s'est fortement répandue parmi les investisseurs privés au cours des 20 dernières années répondant à ce besoin humain. Auparavant, c'était l'analyse fondamentale instinctive qui stimulait les décisions d'achat ou de vente. Maintenant, le trader se réfère à l'analyse chartiste comme un instrument avec lequel il peut « lire » et « interpréter » les marchés.

Je ne minimise pas les mérites de l'analyse technique. J'ai également tradé sur la base de l'analyse technique moi-même pendant des années, mais je n'ai pas vraiment fait d'argent avec elle. Le trader qui entre dans l'aventure de naviguer heureux et insouciant sur les vagues haussières ou baissières, sans un second coup d'œil sur les graphiques, a au moins une chance de réagir de temps en temps à l'évolution du marché. C'est ce que le trader est en fin de compte : la réponse à ce que le marché a à dire à chaque moment. Dans les bons jours, un tel trader pourrait entrer dans un état de « flux » ou de flow où il pourrait être impressionné, au moins temporairement, d'« aller avec le marché ».

Cette méthode que j'ai pratiquée depuis des années n'est pas infaillible. Encore une fois, il y aura des jours de perte, des phases de marché où ça ne fonctionnera pas bien. Cette méthode de scalping peut apporter beaucoup de joie et beaucoup de gains, et permettre également plus de pratique et une expérience croissante. Comme nous l'avons déjà dit, si ce n'est pas amusant, vous devriez simplement arrêter le scalping. Un trader devrait aller trader ces phases de marché élevée (la plupart du temps après la publication de données importantes) et ensuite essaycr de scalper. C'est avec des mouvements rapides de vagues vendeuses qui produisent des achats clairs que je fais le plus de gains. Mon record personnel est de 28 trades gagnants consécutifs. Donc si je commence à avoir mes premières pertes, c'est souvent le signe que je suis fatigué ou que le marché l'est. Les signes peuvent être un ralentissement temporaire du momentum du marché. Peut-être que la dynamique a diminué et que les mouvements de marché actuels ne sont pas si faciles à trader. C'est le meilleur moment dans la plupart des cas pour faire une pause ou même arrêter de trader complètement pour la journée.

Mais le fait est que les problèmes de discipline que l'on vient de mentionner se produisent beaucoup moins avec le scalping rapide et dynamique qu'avec des trades « bien choisis ». Un trader en plein état de flow sait tout de suite ce qu'il faut faire quand le marché se retourne contre lui soudainement. Il ferme sa position sans se poser la question de savoir s'il a fait un profit ou une perte. Il est décisif et agit sans hésitation. Le scalping rapide favorise la fermeture rapide de positions perdantes et la prise rapide des bénéfices, également important.

Mon expérience est qu'il y a deux problèmes fondamentaux dans le trading : la peur et la cupidité car elles doivent être mieux contrôlées ici. Avec cette méthode, le trader ne perd pas de temps à réfléchir. C'est pourquoi je recommande d'utiliser le trading en un clic lorsque vous utiliser cette méthode. Si le trader doit ouvrir son ordre et entrer ses paramètres alors que le marché évolue contre sa position à chaque seconde, il perdra plusieurs points ou pips. Si le trader travaille avec des ordres en un clic, il est à un simple clic de fermer sa position, et il devrait quand il est du mauvais côté du trade.

6. Avertissements et instruments de contrôle

Maintenant que vous savez comment et quand scalper, la « seule » chose qui reste à faire est de le faire ! Facile à dire vous me direz – ce qui est facile à faire, est aussi facile à ne pas faire. Le potentiel du trading et du scalping ne réside pas dans la complexité de la tâche : la magie réside dans la répétition quotidienne de cette tâche. Comme j'ai essayé de le montrer dans la 3e série de ce livre « Comment puis-je évaluer mes résultats de trading ? » qui était basé sur les résultats de trading passés d'un trader débutant : la manifestation du potentiel total du scalping est progressive. C'est par la routine quotidienne que le trader devient maître de son métier. Cela signifie aussi qu'il doit savoir discerner certains signes d'avertissement que le marché lui donne : cela devrait donc lui indiquer quand s'arrêter de trader.

Le scalping sur le FOREX peut être fait 24h/24 mais j'espère que ce livre a montré les différentes heures pendant lesquelles c'est le plus intéressant de trader. Si un trader scalpe dans des marchés ennuyeux et lents plutôt que dans des marchés rapides et dynamiques, alors il ralentira tout comme ses trades. Au départ, il n'y a pas d'objection contre ça. Les traders doivent savoir qu'une activité cérébrale différente commence dès qu'ils attendent des résultats. Ils sont distraits et pas suffisamment concentrés pour suivre leurs trades comme ils le devraient. Ainsi, un ralentissement est un signe clair que le scalping devrait être arrêté.

L'autre extrême existe aussi : il arrive rarement, dieu merci, mais il y a eu des moments au cours des 15 dernières années où la volatilité a pris des dimensions impressionnantes et ce n'était plus raisonnable de penser à trader ou à scalper à ce moment là. Pendant la crise de l'euro de 2011, j'ai vu l'EUR/USD s'effondrer de 50 pips parfois en une seule seconde ! Les traders ont eu du mal à maintenir leurs pratiques de gestion des risques de manière constante dans ce genre de marchés. Il serait préférable d'arrêter le scalping chaque fois que de tels mouvements extrêmes sont observés, et si jamais un trader ne peut pas s'arrêter, alors il devrait continuer avec une fraction de la taille de sa position normale.

Le meilleur et le plus important outil de contrôle pour une activité de trading est le compte de trading en lui-même. Rien ne vous donne un meilleur *feedback* que le solde de votre compte. C'est dur mais c'est vrai. Votre compte vous indique si votre travail est réussi ou pas. C'est pourquoi je dis : un trader ne trade pas le marché, il trade son compte. Vous pourriez trouver cela absurde si vous pensez que le trading a quelque chose à voir avec les graphiques et les stratégies. Il n'existe pas d'outil de surveillance plus important avec cette activité que l'*equity curve* d'un trader qui montre l'évolution du solde du compte d'heure en heure ou de jour en jour. Étudier cette courbe, son histoire, la taille du *drawdown* et combien de temps le trader prend pour récupérer de ces *drawdown* – il n'y a pas meilleur *feedback* !

C'est également vrai en intra-day. Si après 20 trades gagnants, il découvre alors qu'il subit des pertes de plus en plus grandes, alors il devrait faire une pause voire arrêter complètement de trader. Il devrait prendre un peu d'air frais, se vider la tête et se demander si le marché actuel vaut qu'il passe son temps dessus. S'il remarque alors que les mouvements de prix répondent à ses critères de scalping à nouveau, il peut continuer. Lorsque le marché a ralentit, qu'il évolue latéralement, ou qu'il subit des mouvements indécis, il est difficile de trader et ce serait mieux d'arrêter. La meilleure partie de la journée peut être derrière lui, rappelez-vous : il y a toujours demain.

Ce qui est écrit ici est beaucoup plus difficile dans la pratique. Certains traders sont obsédés par les marchés et ne peuvent pas s'arrêter en dépit des signaux d'avertissement clairs qui apparaissent. Ils continuent alors de faire du trading et ignorent tous les avertissements. Le résultat ? Votre supposition est aussi bonne que la mienne : ces traders perdent souvent tous les profits accumulés de la journée, voire plus. Cela ne doit pas être surestimé : les traders qui réussissent savent quand ne pas trader. Peut-être est-ce la règle du trading la plus importante après tout…

La plupart des débutants ne le savent pas. Ils apprennent encore à distinguer les bons marchés (en fonction de leurs stratégies) des mauvais marchés. Apprendre est impératif s'ils veulent réussir. S'ils ne peuvent pas s'arrêter, ils devraient au moins réduire la taille de leurs positions. Si leur trading tourne mal alors la conséquence négative sur leur compte est réduite.

Ma série de perte la plus longue en scalping était de 15 trades perdants. Vous lisez ça correctement : 15 pertes successives. Vous pourriez penser que ce n'est statistiquement pas possible. Et pourtant, c'est possible…je l'ai fait.

C'est tout aussi possible que la série de 28 trades gagnants successifs avec ma méthode de scalping. J'admets que tout s'est bien passé avec le marché ce jour-là. Les vagues sur le graphique Heikin Ashi en 1 minute étaient claires et faciles à voir pour que chaque trade soit un succès. Après le 29e trade – une perte – je me suis arrêté. J'ai même éteint le PC parce que j'ai instinctivement pensé : « Maintenant, tu vas tout gâcher ».

Je n'ai pas toujours eu cette chance car je n'étais pas toujours été aussi sage. Je violais trop souvent ma règle : arrêter le trading dès que je perdais. Nous sommes tous humains. Nous faisons des erreurs et nous en ferons toujours. Un trader ne doit pas être trop sévère avec lui-même quand il viole ses propres règles. Il le fera encore et encore. Rien n'est gravé dans la roche en trading. Les signes d'avertissement d'un trader sont vitaux s'il veut gagner sa vie. S'il apprend à respecter ces signes d'avertissement que lui donne le marché et son compte, il deviendra un trader mieux averti au fil du temps, ce qui reflètera sur le solde de son compte.

7. Soyez agressif quand vous gagnez et défensif quand vous perdez

Nous avons rassemblé les facteurs de réussite les plus importants : savoir quand scalper et quand éviter. Nous avons découvert que la discipline est plus facile à avoir avec des marchés rapides qu'avec des marchés ennuyeux qui évoluent de façons latérales. Enfin, nous avons vu d'importants instruments d'alerte et de contrôle tels que le drawdown et les pertes soudaines. Ce qui reste à traiter est donc le facteur clé du succès : la gestion active de la taille de vos positions.

Les traders ont 3 libertés : ils décident quoi acheter (domaine de l'analyse fondamentale), ils décident quand acheter (domaine de l'analyse technique) et ils décident combien acheter (domaine de la gestion active de l'argent, ou *money management*). Lorsque vous scalpez, je crois que la partie correspondante au « combien » ne devrait pas dépendre d'un algorithme qui choisit au hasard la taille de vos positions. Des règles fixes comme « ne jamais risquer plus de 1% de votre capital par trade » sont utiles lorsque vous débutez. C'est le premier outil de contrôle de gestion des risques. Cette règle peut être un obstacle à long terme si vous voulez avoir une gestion dynamique de vos positions.

Cela a beaucoup à voir avec ce qui a été dit précédemment. Une fois qu'un scalpeur a maîtrisé le *timing*, il sait quand arrêter de scalper ce qui lui permet d'ajuster la taille de ses positions aux événements qui se passent sur le marché. Un trader trade avec des positions plus grandes lorsque les choses se passent bien et il va réduire ses positions lorsque son trading ne se passe pas bien. Considérez cette situation : un trader enregistre une série record de trades gagnants. Au lieu des 2 lots habituels, il utilise 5 lots sur le marché du FOREX. Tout d'un coup, il fait 2 trades perdants. Devrait-il continuer à scalper avec 5 lots ? J'aime toujours rendre simple ce qui est compliqué. Quand un trader est en train de scalper, il n'a pas vraiment le temps de penser à son *money management*. Restez simple ! S'il a 2 trades perdants de manière successive, il devrait réduire sa position de moitié. Donc, s'il a scalpé avec 5 lots, cela signifie qu'il devrait maintenant scalper avec 2 lots jusqu'à ce qu'il fasse des trades gagnants de nouveau.

2 trades perdants de manière successive peut être compris comme un avertissement. Un scalpeur sait que 2 trades perdants n'est pas une chose inhabituelle. Pourtant, c'est un signe que son système de trading actuel est infructueux avec la situation de marché. Donc, il devrait être plus défensif dans cette situation. S'il réalise 7 trades gagnants successivement, c'est un signe que sa méthode

convient au marché actuel. Ici, il peut être plus agressif et scalper avec de plus grandes positions. Un bon scalpeur sait quand il est temps d'allumer le turbo concernant la taille de ses positions et quand il ne vaut mieux pas. Il y a des jours où vous pouvez faire 10 000 € ou plus sur la bourse. Et il y a des jours où vous pouvez être satisfait lorsque votre bénéfice est de 250 €.

Le but de ce livre est de vous faire prendre conscience des superbes journées de trading dont vous pouvez tirer profit. C'est l'un des vrais secrets du trading : les bons traders savent quand le diner est servi. Ils savent aussi quand ce n'est pas la peine d'aller dîner. Les traders expérimentés ont appris à n'apparaître que lors des jours de fête et à « s'asseoir sur leurs mains ». C'est difficile et cela exige une grande discipline mais ça en vaut la peine. Le trader débutant réalisera bientôt que les résultats de son trading sont asymétriques sur une base journalière. Les bénéfices ne sont pas uniformes et réguliers au cours des 20 jours de bourse par mois contrairement à un emploi normal.

J'ai toujours pensé le trading comme une sorte de travail de bureau qui est géré avec de la discipline sur une base quotidienne. Mais ça ne marche pas comme ça. Si le traders trade et fait du scalping de cette façon, alors les résultats seront au mieux médiocres (comme avec presque tous les emplois de bureau...). Tout l'art du trading est dans la capacité d'appliquer ses connaissances lors des jours ou heures de fête sur la bourse. Si un trader réussit à risquer son argent quand cela en vaut la peine et se déconnecte quand il faut et ne joue pas, alors la chance d'être parmi les 5% des traders gagnants sur les marchés est grande.

La taille de position peut parfois dépendre de l'état mental actuel d'un trader. S'il est de mauvaise humeur, il ne devrait pas essayer de la compenser par une approche agressive sur les marchés. Je sais que cette tentation est là mais ce n'est pas un signe de professionnalisme. Si le trader essaie de compenser son état d'esprit actuel en étant agressif, ça ne fonctionnera pas. Un bon scalpeur est donc un bon sismographe de lui-même. Il sait exactement quand être actif et quand il peut travailler avec des positions plus importantes sur le marché. Et il sait aussi par intuition quand ce n'est pas le cas. Si son évaluation est erronée, alors le solde de son compte lui montrera le vrai résultat. Chaque trader a aussi ses limites naturelles. Il y en a qui éprouvent un sentiment de danger et de surmenage quand ils tradent plus d'un lot standard. La façon dont ils surmontent cette limite dépend de leur capacité à quitter leur zone de confort.

Je connaissais un trader vraiment performant qui ne pouvait jamais trader plus de 2 contrats sur le futur E-mini et le Mini-Dow alors qu'il avait des décennies d'expérience et qu'il faisait des bénéfices presque chaque jour. Je lui ai dit qu'il pouvait trader plus de contrats et ainsi gagner plus d'argent, mais il ne l'a jamais fait. 2 contrats étaient sa limite. Ce trader connaissait bien sa zone de confort et la respectait. Le contraire existe malheureusement aussi. Il y a des traders qui sont sur-exposés sur les marchés (effet de levier beaucoup trop grand). Certains traders que j'ai rencontrés ont risqué plus de 10% de leur capital de trading par transaction. Je savais que c'était seulement une question de temps jusqu'à ce qu'ils réalisent leurs 10 trades perdants successifs. Et là c'est fini : *game over* !

Le trading et le scalping peuvent être des activités lucratives pour les individus disciplinés qui savent surmonter leurs limites naturelles de peur avec une expérience en constante croissance. J'espère qu'avec ce livre je pourrais donner un coup de boost à ce succès.

Je vous souhaite cher lecteur, cher trader, beaucoup de succès dans vos activités de trading !

Heikin Ashi Trader.

Autres livres de Heikin Ashi Trader

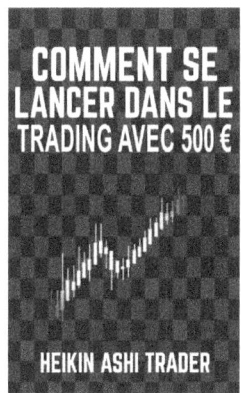

Comment Se Lancer Dans Le Trading avec 500 €

Beaucoup de nouveaux traders n'ont que très peu de capitaux disponibles dès le départ, mais ce n'est toutefois pas un obstacle à une carrière dans le trading. Cependant, ce livre ne décrit pas comment transformer un compte de 500 € en 500 000 € - car ce sont précisément ces espoirs exagérés concernant les rendements futurs qui amènent la plupart des débutants à échouer.

Au lieu de cela, l'auteur montre, de manière réaliste, comment vous pouvez devenir un trader à temps plein en dépit d'un capital de démarrage limité. Cela s'applique à la fois aux traders souhaitant rester privés, ainsi qu'à ceux qui veulent éventuellement investir les fonds de leurs clients.

Ce livre montre étape par étape comment le faire avec un plan d'action concret pour chaque étape. N'importe qui peut en principe être trader, si il ou elle est prêt à apprendre comment cette activité fonctionne.

Sommaire

1. Comment devenir un bon trader avec 500 € en poche ?

2. Comment acquérir les bonnes habitudes en trading ?

3. Comment devenir un trader discipliné

4. Le conte de fée des intérêts composés

5. Comment investir avec un compte à 500 € ?

6. Le Trading Social

7. Parlez à votre courtier

8. Comment devenir un trader professionnel ?

9. Faire du trading pour un fond d'investissement

10. Apprenez à créer votre réseau professionnel

11. Devenez un trader professionnel en 7 étapes

12. 500 € représente beaucoup d'argent

À propos de l'auteur

Le trader Heikin Ashi est reconnu dans le monde entier comme le spécialiste du scalping avec le tableau Heikin Ashi. Il pratique ce type de trading depuis 19 ans. Il a négocié pour un fonds spéculatif et s'est ensuite lancé dans les affaires pour son propre compte en tant que trader. Son livre sur le scalping " Scalping is Fun ! "est un best-seller international et a été vendu plus de 30 000 fois. Vous pouvez trouver plus d'informations sur sa méthode de scalping sur ce site www.heikinashitrader.net.

Impression

Textes : ©Copyright par Heikin Ashi Trader

Swiss Post Box 106287

Zürcher Strasse 161

CH-8010 Zürich

Suisse

Tous droits réservés.

www.ingramcontent.com/pod-product-compliance
Lightning Source LLC
Chambersburg PA
CBHW061228180526
45170CB00003B/1210